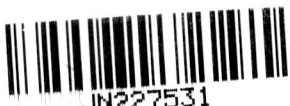

1/3の服で3倍着回すパリのおしゃれ術

米澤よう子

L'esprit《Parisienne》 *3 fois plus belle avec 3 fois moins de vêtements* YOKO YONEZAWA

「雑多」から「洗練」へ

女性にとって、おしゃれ心は永遠なるもの。世界に目を向ければ、各土地で異なる服装文化があるなか、パリと日本の距離は縮まり、パリジェンヌが得意とするシンプルシックなスタイルは日本女性にも「お手のもの」となりました。

パリジェンヌにない悩みがあるとすれば、「モノを持ち過ぎてアイテムを活かしきれない」という事だけかもしれません。これは誇るべき事！　今まで私たちはよく働き、そのお給料やお小遣いをモノに換えてきただけなのです。好景気の時代の力を借りたにせよ、たくさんのお買い物から得られるわくわく感を味わいました。

また、抱えているモノは、自分への「褒美」でもあるのです。パリジェンヌの持ちモノが少ないのは、税金や家賃など、生活費から算出される予算の事情で「褒美」の機会が少ないから。感覚的には、私たちの$\frac{1}{3}$の服で間に合わせています。

それに気づいたのは、パリでのお宅訪問から。一般的なパリの住まいの床面積は、「狭い」といわれる東京と同じかそれ以下。広さには恵まれないのに、どのお宅も視界が広く感じられたのです。それは、モノの多さがもたらす狭小感や圧迫感がないため。衣服類は、大きくはないクローゼットの中に収めてあり、それ以外のハンガー掛けを足しているお宅はゼロでした。私の場合、ドア1.5枚分の幅がある大きめのクローゼットは満杯。それでも東京にいたころの$\frac{1}{3}$くらいの服の量でした。住む前に内見に行った際、部屋のオーナーである若い夫婦は同じクローゼットに2人分の服を収納していたのに!

本書ではその経験から、服の量を$\frac{1}{3}$に絞り、パリジェンヌのように巧みにアイテムを操り、3倍着回せるおしゃれ術を図解し提案しています。

数多を手にしてから、少数にまとめる段階は、贅を尽くしたあとに向かう洗練のようなもの。単純化され応用も容易になるこれからが、ようやくおしゃれが心から楽しくなるときです。

特別なモノは何も要らず、必要なのは頭と目と手。そう、あなたさえいればできるのです!

contents

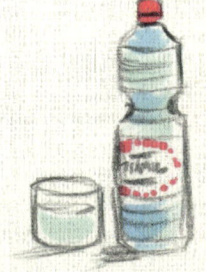

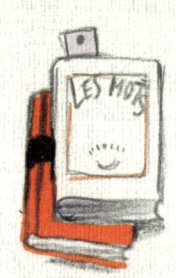

3章 スマートに見えない服、すなわち無駄な服！
着方でおしゃれ度3倍！　パリ・テクニック

4章 歳とともに彩り豊かになる、服も人生も！
大人の華やかスタイリング

Introduction

「少ない服だから、たくさん着回せる！」

パリジェンヌのおしゃれポリシー伝授

1er
Chapitre

1章

これ1点で
"最速おしゃれ"な
9アイテム

1枚でサマになる服しかいらない！
Je ne veux
que des vêtements
qui peuvent se
porter seuls!

上半身はスタイリング不要で らくらくおしゃれ
美形Tならそのまま着るだけでサマになる！…一枚にたどりついたのが自慢なの☆
ノースタイリング、美シルエット保証済
上はいじらないで済むから、ウエストで遊ぶの♡
ヒップふんわりおおうのも定番スタイルよ★
バスト下からつかず離れずのドレープ感もポイント
T-shirt blanc

究極のTシャツ1枚で上半身の美人度満点

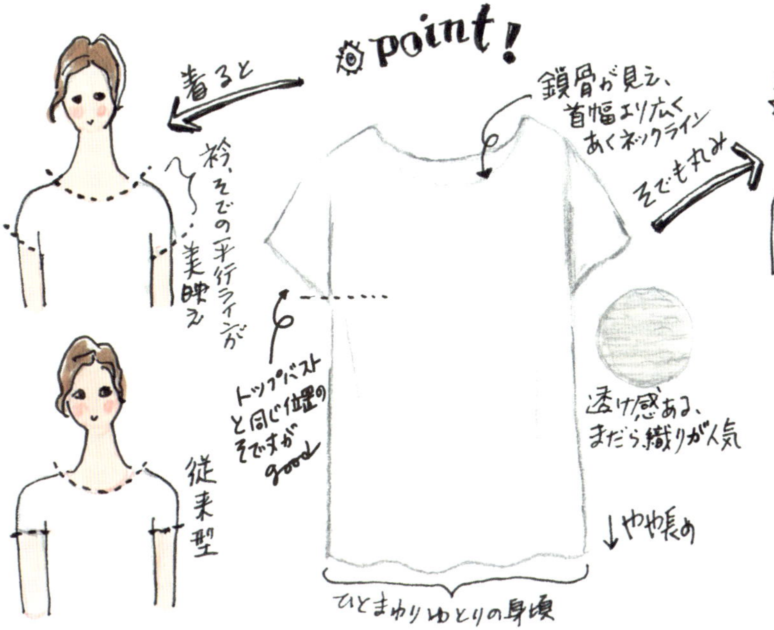

安さより洗練ラインを求めればコスパ◎

どこでも見つかる白Tシャツ。今や100円でも手に入りますよね。安ければ嬉しいのはパリジェンヌも同じですが、彼女たちはそれだけでは納得しない！　形に的を絞っているのです。広げれば皆「T字」で一見同じ形なのに、着てみれば弧を描く曲線と、洗練された立体感が現われて上半身の美人度がUP。そんな美形シルエットをみんなが求めるパリで、究極の形作りに励んでいるのが、本場フレンチブランドです。着ただけでおしゃれに見えるのには、作り手の美への追求心が大きく貢献しています。

「パリジェンヌ目線」で選べば、Tシャツ1枚が格上げされるはず。少々予算オーバーだってOK！　10枚持つより納得できる1枚の方がコスパにつながる。それも節約かもしれませんね。

7分で！
ちょっとおめかし
アクセサリーとウエストラインを見る時間のみネ
5分で！
時短コーデ
10分以内のクイック・コーデ
見つけてしまえば、
鏡を見ないでも安心なくらいよ。すぐに外出できちゃう♥
10分あれば！
余裕コーデ
重ね着OKサイズ〜
白シャツの
"ちょい出し"どころを調整するだけでOKよ！
Pull-over

シンプル・プルオーバー
1枚だけでとびきりおしゃれに

徹底した試着で脱・普通のニット

旅行でパリを訪れていたときから驚きを隠せなかったのが、ニット1枚でとびきりおしゃれなパリジェンヌの多いこと!　ただ着ているだけなのになぜ?　の疑問は住んでみて解決しました。伸縮性のあるニットは着てみないと本当の「姿」がわからない。徹底した試着の習慣が、おしゃれ度をUPさせていたのです。

近ごろは少しゆるめの「プルオーバー」が彼女たちの新お気に入り。ゆとりあるシルエットでも、ボディとプルオーバーとの密着するところ、離れるところを見ます。
自分の上半身の形に最適なものを手に入れれば、着るだけで即とびきりおしゃれ、コーデの時短アイテムとなるのだから、選別にはより真剣味が増すのですね。

“無派閥”の順応力で
誰もが満足
フェミニンカジュアル派
レース系とも対立しない！
カチッとカジュアル派
トラッド服と合わせても孤立しない★
シンプルカジュアル派
エフォートレススタイルは肩ひじはらないパリジェンヌ的かもね？テニス型もそれに合うでしょ♡
Sneakers
tennis
classique

スニーカーはテニスシューズ型
1足でこと足りる

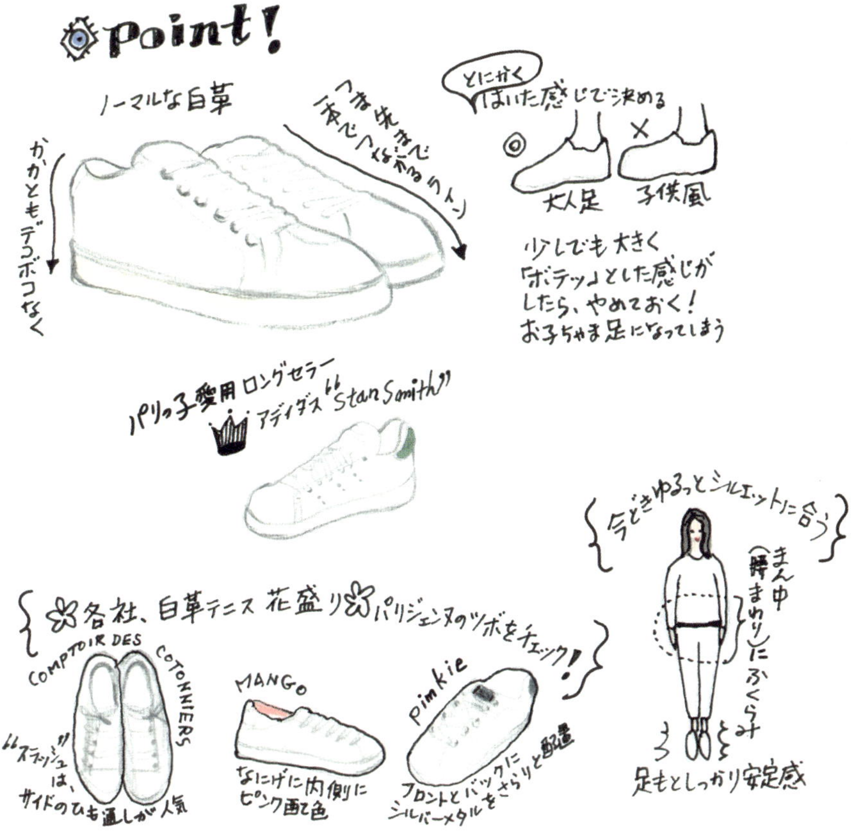

コロンと丸フォルムが定番〜流行の服にハマる

狭い路地や一方通行が多いパリでは、徒歩が庶民の頼れる「足」。そこでスポーツシューズが活動的で実用に向きます。

だからといって実用だけではもったいない! フォルムにこだわり、おしゃれ履きと兼用にします。最近では、肩の力が抜けたような流行のシルエット「エフォートレス」にパリジェンヌの関心が向いています。それにもマッチするのがテニスシューズ型の白。試着したら、全身を見て大きくも小さくもない「足感」を測ります。それが最も使える1足になるから。大人は迷わず革素材を選んで!

いつでもどこでも着ていける
ウィークディの仕事
少し ハイウエストにしてきちんと感をネ☆
夜のレストラン
ちょっとウエスト落として着るのがミソ！
昼の会議
ジャケットのすそとウエスト、合ってるでしょ？
ウィークエンドのマルシェ
おへそ位置でブラウジング
jupe midi

ふんわりミディスカート
1枚追加できれいになる

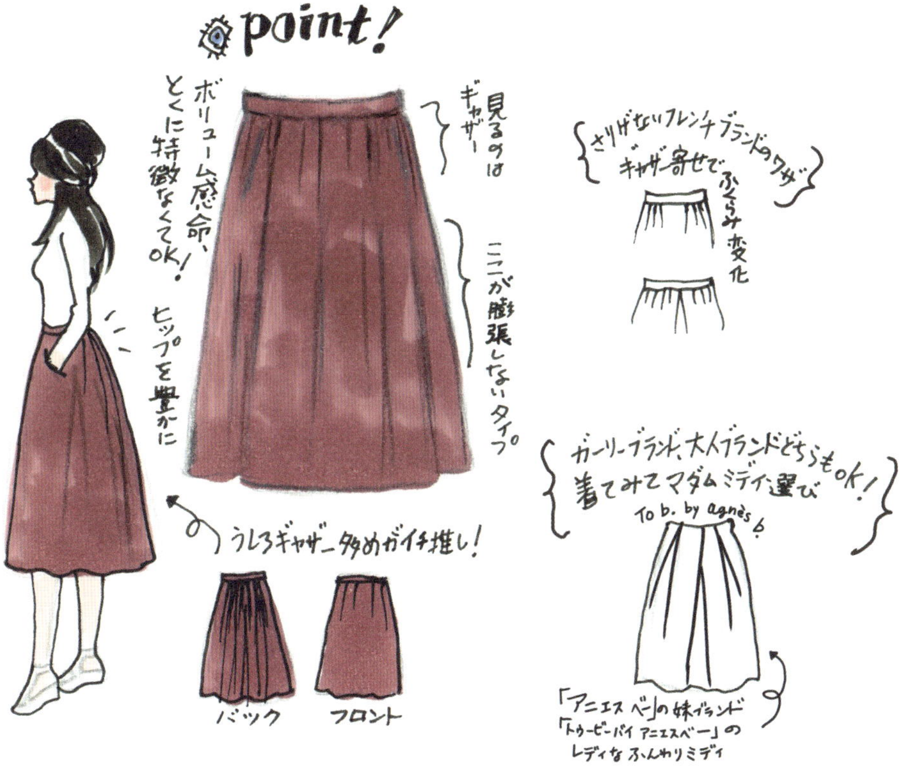

ふくらみ過ぎないギャザーが秘訣

滞在時から今まで、ふんわりスカートのすてきなパリマダムにハッとさせられた機会は数知れず。ここ最近では、ミディスカートは年齢問わずマストアイテムになりました。自分に合う1枚は、丹念に試着してふくらみを比較し慎重に決めたいところ。ギャザーの分量と寄せ方でふくらみ方が変わります。

パリジェンヌの注目を集めているのはきれいな色のミディ、なかでも赤系。ボリューミーなアイテムだから、黒や紺の重め色より明るい色を選べば軽さが出ます。「フォルムは重&色は軽」の、ちょうどのバランスが確立されれば重宝間違いなしですね。おまけに「きれい」路線もキープ!

パリジェンヌの手持ちとも
ピッタリ合う
♡バイカージャケットと
手持ち定番の、どれとも合うの♡
♡白シャツと
正統派白シャツをルージーにできちゃう
♡デコルテVニットと
ヒップが大きく見えても
ノープロブレムよ!
これが旬のフォルムだから
ハードな革からてろっと出るヒップラインがお気にイリ
♡ストールと
流れ方が似てると思うの
デニムの
古っぽさにこのドレープがミスマッチでツボ☆
♡デニムジャケットと
Pantalon
tapered

テーパードパンツ１本で美体形に「錯覚」

ひざから下がまっすぐ長く見えるものをチョイス

パリジェンヌのパンツの「殿堂入り」は、スキニー。ピッチピチにはくのが定番パリ・ルックですが、近ごろ徐々に定着したのがテーパードです。

ウエスト下からヒップにゆとりがあって、足首に向かってゆるやかに細くなるシルエットは、着ていて楽でウレシイ。でも楽だけでは購入に至らないのがパリジェンヌの掟！ ちゃんと体形を美しく「錯覚」させてくれる1本を見つけるまで気を抜かずに探し求めます。

ひざから下は、まっすぐ長く見えるのが条件！　自分にとっての「テッパン」テーパードは、当然自分スタイルを格上げしてくれるのだから。

仕事着の
メインクラスに
昇進
出張
急な出張にも頼れる一枚よ。
シワシワにならないし、
軽いでしょ
プレゼン
このとろっと感と
肩のきちんと感がベスト印象なの！
ミーティング
ほど良い
キャリア感も出せるでしょ？
アフター5
急なお誘いだって大丈夫
きれいめアイテムに嫌みナシ
Blouse
fluide

とろみブラウスは「肩きりり」な1枚が絶対似合う

「プチ・いかり肩」が着回し幅をUP

なめらかな質感で、下に向かってとろりと落ちるような素材のブラウス。フランスのニュース番組で、キャスターはもとより、インタビューを受けるお仕事中のパリジェンヌまで、職業問わず着用していました。
私が注目したのは、肩のラインの共通点。少しの「いかり肩」です。ほんの1センチほどのことですが、これがジャケットのようなきりり感を打ち出しています。カッティングの妙もあれば、肩幅がしっかり合って、そのフォルムを作り出している場合も。
いずれにせよ、肩に注目です！　肩がきりりとすれば、ぜんぶがとろっとせず、甘過ぎないお仕事スタイルとなるわけですね。

晴
さらっとそのままね♡
晴れたら自然のままに…
Cafe
くもりときどき晴
ショール風でネ
着方もお天気次第
くもりのち晴
肩にかけて持ち運び♡
くもり
どんよりしてたら
ベルトでフロントしっかり閉めるの!
雨
なるべくコンパクトにすれば、服が
雨にあたらずに済むってワケ☆
Cardigan Cascade

ドレープカーディガン1枚あれば
全天候OK

インナー込みでの試着が365日使うコツ

ドレープのあるカーディガンは、首まわりが一見ストールのようで、ストール好きのパリジェンヌが好むアイテムです。なにしろお天気がきまぐれなパリなので、毎日でも持って出かけねばならないのがカーディガン。日本でも、カーディガンは外気と室内の温度調節にマストなアイテムですよね。

ちょっとドレッシーな印象のあるドレープカーディガンですが、たまのおしゃれではなくどんどん着回すのがパリ流! というわけで、ターゲットは全天候に向く1枚のみに絞ります。ポイントはインナーを考えたフィッティング。生地1枚分を足して、体に合うサイズとフォルムを見つけましょう。毎日着るコート選びのように、ヘビロテ前提で選んで!

中身の重さ別で
形&持ち方アレンジ!
オン
大荷物
なるべく小さくなるよう、折り入れて六角形。バランスグーよ♥!
オフ
中荷物
▼ウエストラインとバッグの横ラインがそろうとキレイなの✧
ウエストからひざの間にバッグがあるカンジにね
プライベート
小荷物
ボリュームシルエットにはクラッチ持ち…♡
Sac fourre-tout

トートバッグ1つで
毎日軽快シルエット

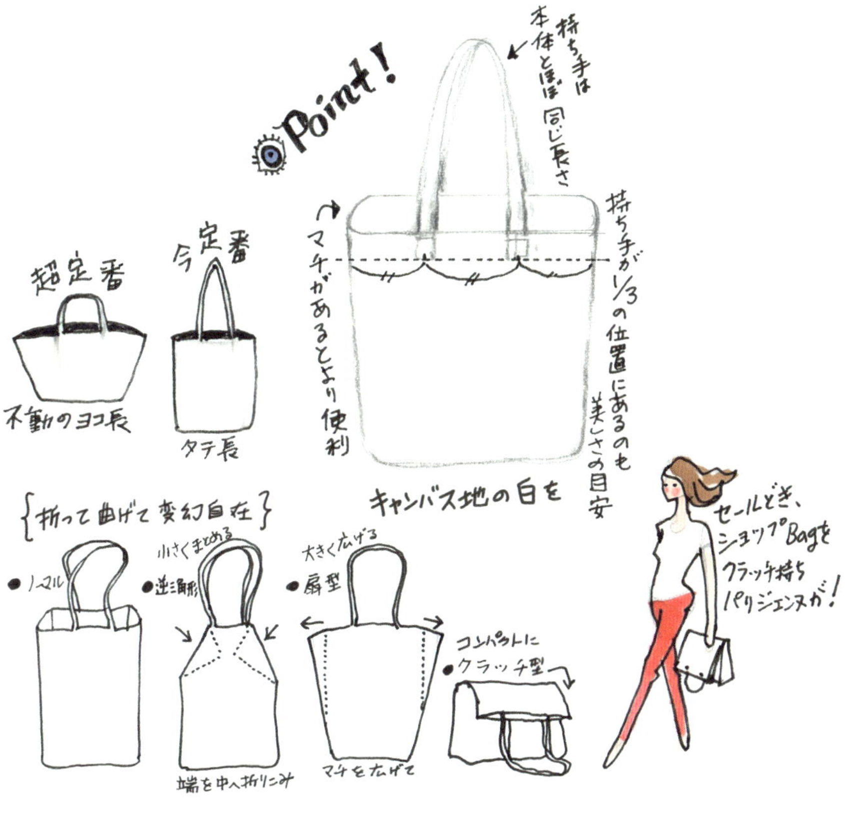

オン、オフ、プライベート、いつでもレギュラー

パリでは、(24時間便利に使える)日本のコンビニに相当する店はないに等しかったため、気軽に代用品を買えず、念のための持ち物でバッグの中身が増えたものでした。
また、書類を交わす機会も日本より多くあり、ビジネスシーンでもかさばる。
だからバッグの中身の軽量化よりも、本体の軽量化の方がたやすい……という事情もあるのか、トートが使いやすくて重宝されます。エコバッグだってOK。それを「おしゃれ」に変えるのがパリジェンヌたち。
折りたたみできる布のトートを、折り紙のように形を変化させています。その工夫、真似したい!　これなら重い荷物もなんのその、軽快に持ち歩きできますね。

四季別 結び方4通り
春
ワンピースをセットアップ風にできるでしょ？
夏
ヴァカンススタイルも遊びをしたくなっちゃう
秋
ジレを買わずにそれ風にしちゃう
二段活用、だ〜い好き
冬
防寒、美プロポーションのための必需品ネ
Ceinture tressée

メッシュベルト1本さえあれば コーディネートに困らない

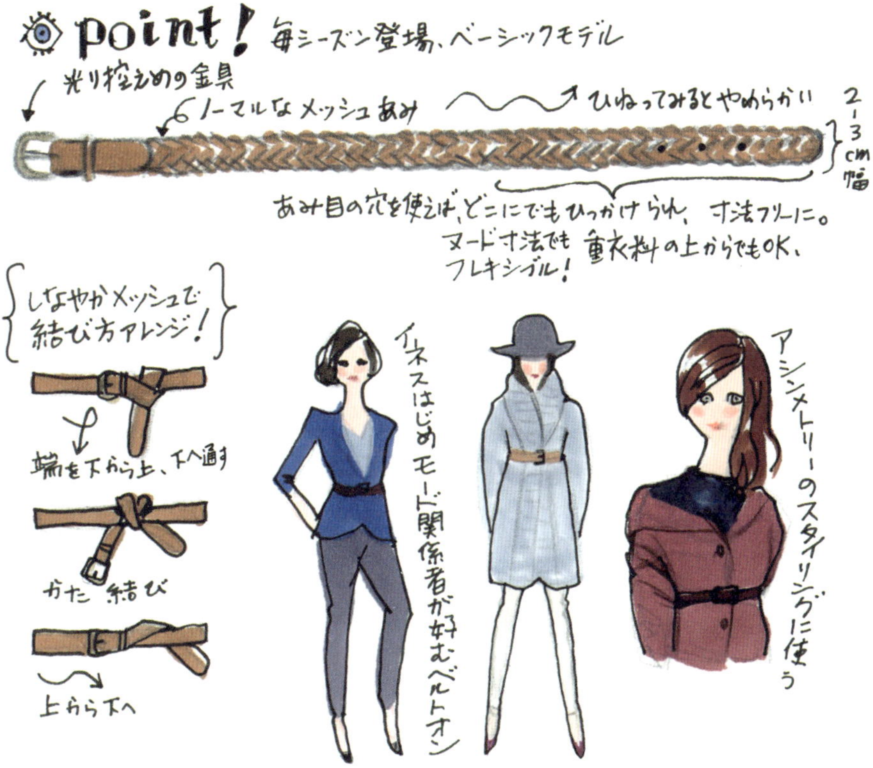

年中使い倒せるオンリーワンを

パリジェンヌの"三種の神器"といえば、ストール、ブレスレット、そしてベルト。もはや今、ウエストを締める実用面での利用目的を超え、服を固定するつなぎ役までも果たし、重宝されています。

ベルトさえあれば、装いの形作りやアクセント、着こなしなど、スタイリングの幅がUP。彼女らのおしゃれのマンネリ化を許さない、強い味方！

選ぶのはメッシュタイプ。編みがあることで形がしなやかに曲がったり伸びたりするので、薄着から厚着に至るまで、オールシーズン1本で済むのです。

Sketch!

1点アイテムを着回し×10でプライス以上の働きを!

自分にフィットするベストワンは、
組み合わせてもスタイリッシュ!
丹念なフィッティングは、
おしゃれに安心とよろこびをもたらしてくれる。

column

最速おしゃれを焦らずマスター

新型シルエットを確実に自分のスタイルにするまで

ここまでご紹介したアイテムは、どれもここ2、3年で定着したパリジェンヌの新定番シルエットの商品で、少しゆとりのある輪郭が特徴です。もちろん従来の、ピチピチッとしたシルエットは変わらぬ超定番。その小さめサイズを選ぶ習慣からすれば、ゆとりの新シルエットはやや難しい。彼女たちの感覚では、すべてオーバーサイズに感じてしまうから。これまでオーバーサイズは、おしゃれ度において最も高リスクとされただけに、2、3年前まではトレンド・セッター限定の装いでした。

新型シルエットが急に広まらず、数年かかって浸透する理由のひとつに、パリジェンヌの流行に対するスタンスがあります。現地では「ウエイト アンド シー」と聞きました。待って（立ち止まって）見てみる事。それはわかるけれど、おしゃれを楽しんでいる割には、チャレンジ精神が見てとれない……。けっこう保守的なのが不思議でした。

そんな疑問を持っていたところ、友人のマリーとの会話からその答えのヒントを得た私。スーパーで代わり映えのしないラインナップを前に、「日本では商品を新しく感じさせるために、パッケージの刷新や限定パッケージが盛ん」と私が言うと、「フランスでは難しいかも。いつもの商品の『見た目』が変わると戸惑うから」とマリーが言いました。

新パッケージは「新顔」「新型」。何事もニューバージョンの扱いは勝手が違って戸惑うように、視覚にもそれが言えるのです。新型シルエットは、目が慣れないため、ボディにフィットし、カッコ良く見えるかどうかの検討時間がより多く必要になってきます。

パリで新シルエットを先取りするのはファッショニスタ。まるで10年くらい身につけてきたようになじませキメています。瞬く間に自分のスタイルにできる能力を持つ、おしゃれリーダーですね。
リーダー以外の大多数のパリジェンヌは、普通のファッション感覚を持つ人。ひとつひとつ自分に合う型を点検し、試着を含めて着る回数を増すことで、新シルエットをMY定番へと定着させます。かかる時間はそれぞれ違ってマイペース。早い人もいれば、そうでない人も。

試着は面倒、はじめからひとつに絞って、イエスかノーかを決めた方が早い気がしませんか？　私はそのタイプでした。しかし、似たようなアイテムを複数手に持って試着室へ向かうパリジェンヌを目にし、「着比べ」法を学びました。服選びには、数着を着比べるのが最もわかりやすく、たやすいのに気づいたのです。同じように見えても少し違う型であれば一緒に試着室へ。サイズ違いも同様に着て見てみると納得できます。

また、彼女らの服選びの姿勢も独特です。検品係のように服に向かい一直線のまなざし。話し好きで、仕事中でもおしゃべり盛んなパリジェンヌはどこへやら、無言で品定め。そんな、仕事よりもまじめに取り組むほどの姿勢も真似してみました。

そうやって見る目を鍛えてゆくと、「コレだ！」と確信が持ててくるものなのですね。その1枚は間違いなく最強アイテムに。さらに1枚でサマになれば、単品でも精神的にはかなり満たされます。複数メニューの豪華定食でなくても、おいしい1品だけでおなかいっぱいになるみたいに！

新型シルエットのアイテムは、着れば最速で今風おしゃれになりますが、全身を焦ってそろえなくても大丈夫。自力で選んだアイテム同士だったら、常におしゃれ度は揺るぎなく、100％なのです。

2ème
Chapitre

2章

定番服の「出番3倍増」コーデ術

徹底的に着回せる服しか持たない主義！
Je n'ai qu'un vêtement, mais je le porte beaucoup!

衿もと
A案
衿ラインに沿って巻く
結び目は固結び!
かたくなに
B案
アゴラインに合わせて巻く
背中がキレイに見えるのがパリ流よ♥
Point!
背中ラインS字型
キュッとヒップUPするようにベルトはうしろ側を上へ
C案
衿下に巻く
D案
上半身1/3にストール
★すべてが背中側に
ななめ上へ上がるような
スタイリングが美のベース

いつものトレンチを品良く「格上げ」

my最愛トレンチを
品よくおしゃれアレンジ！
START!
+
大判ストール
TRENCH
Classique,
Style
bon-
chic
きちんと着てピッタリのmyトレンチ
おばあちゃん世代も首もと個性☆
クロークに預けるべく前開き
これからバレエ鑑賞よ♡

着くずさず、衿元アレンジだけでエレガント仕上げ

定番トレンチは、自分にピタリと合うサイズのみ持つのがパリ流。日本でも誰もが持ち、袖まくりなどの着くずすスタイルは定着しましたよね。パリではその路線が一段落したのか、シンプルに着る傾向も見られます。ここでは、いつものトレンチを品のある装いへと向上させるべく、あえて普通に着ることにします。

せっかく整ったシルエットをくずさないよう、衿元だけのアレンジがおすすめ。大判ストールを追加して、首まわりの変化を追求します。これだけで、いつものトレンチが表情豊かになるはず。同じトレンチとストールの組み合わせなのに、毎日違うスタイリング！たくさんのアイデアを持つ人が、リスペクトに値するおしゃれさんなのです。

ボーダーを“メイン役”で
衿、すそ、手首それぞれ同分量にシャツを出す
“中間役”で
シャツをうしろにひっぱり、背中をふんわりさせる
美的に映るスタイリングでネ☆
“脇役”にも
ボーダーチラ見せで、アクセント使い
“背景役”も
衿V字でボーダーのそでと並列っぽく
パリジェンヌ4点セットで
4役キャスティング

ボーダーTは、分量調整で脱・ワンパターン

体の線をキレイに見せるカッティングをチョイス！
着ると
肩しっかり＝細みさんに better
肩に丸み、細ウデ＝太めさんに better

ボーダーピッチ、ネックラインに個性アリ
フレンチ定番ボーダーT
SAINT JAMES
agnès b.
PETIT BATEAU
ユニセックスの
正統派マリン
セント ジェームス
ラガーシャツモデル
1cm幅の
ボーダーでモダン
アニエス ベー
肌ざわりがウリ。
親子で楽しめる
プチ バトー

マダムももちろん！
サイズも慎重に選ぶワ

重ね着で主役からアクセントまで着用イメージ増

私たちが抱くフランス人のステレオタイプなイメージは、ボーダー＆ベレー帽でバゲットを持つ人。確かに！　そのスタイルは、南西部にあるバスク地方のふたつの名産品を身につけたもの。なので「パリ・ルック」ではないにもかかわらず、ボーダーはパリのモードには必須、こぞって取り入れるモチーフです。
マリンルックがルーツのボーダーから、ラガーシャツルーツ他、さまざまなパターンがあります。イメージが固まっているだけに、ワンパターンに見られがち。重ね着にすればそれも解決！
表に見えるボーダーの「面積」によってタイプが広がり、ワンパターン脱出となります。

片側衿
両開き衿
全留め衿
ドレッシーきちんと
オフィシャルきちんと
フォーマルきちんと
パール、パキッとした固い革のBagを合わせてラグジュアリープラス
ボウタイブラウス、タイトスカート&パンプスの王道
色をそろえてスーツ風
バイカーは、
フロントで
プチ工夫♡

バイカーJKを
フォーマルシーンでも着用

バイカーもシンプル志向へ
衿ナシ、ジッパー控えめの
洗練型で出番UP！
人気に火が
ついた基本型
好みの
「形」採用の他アイテム
ジャケット、
カーディガンでも
人気の形
"公式"バイカー・ルック à Paris
パリ市長アンヌ・イダルゴ氏も
公共放送
TVリポーターも
防寒にもなるし

カジュアルONLYにしないヘビロテの知恵

本来はバイクに乗る際に着るもので、ハードで男性的な印象のバイカージャケット。着る機会はカジュアルな場に限られる……と、思いきや、パリでは違う！　とくに驚いたのが公務員、議員、TVキャスターなど、国民の前に立つマダムが、公式の場で愛用していることです。革の質感が彼女らの好みなのはもちろん、重なったフロントの合わせが、トレンチのようにさまざまにアレンジできるのが出番拡大の要因といえそう。

最近ではハードなパーツがそぎ落とされたよりシンプルな形に進化し、品数も豊富。着方次第で、公の場でもハードでない「きちんと」した感じを打ち出せます。

TREND 1 バイカー
アシンメトリーな衿
プチ・ブローチで固定すれば
片方を三角に折る
いっそうバイカー風
ボタンを留めてもイケる♡
2 バックボリューミ〜
背中がふんわり
ひっぱる
背中に垂らす
これなら毎日でも着ちゃう♫
〝再活用〟もウデの見せどころ

クラシックカーディガンを今風に5変化

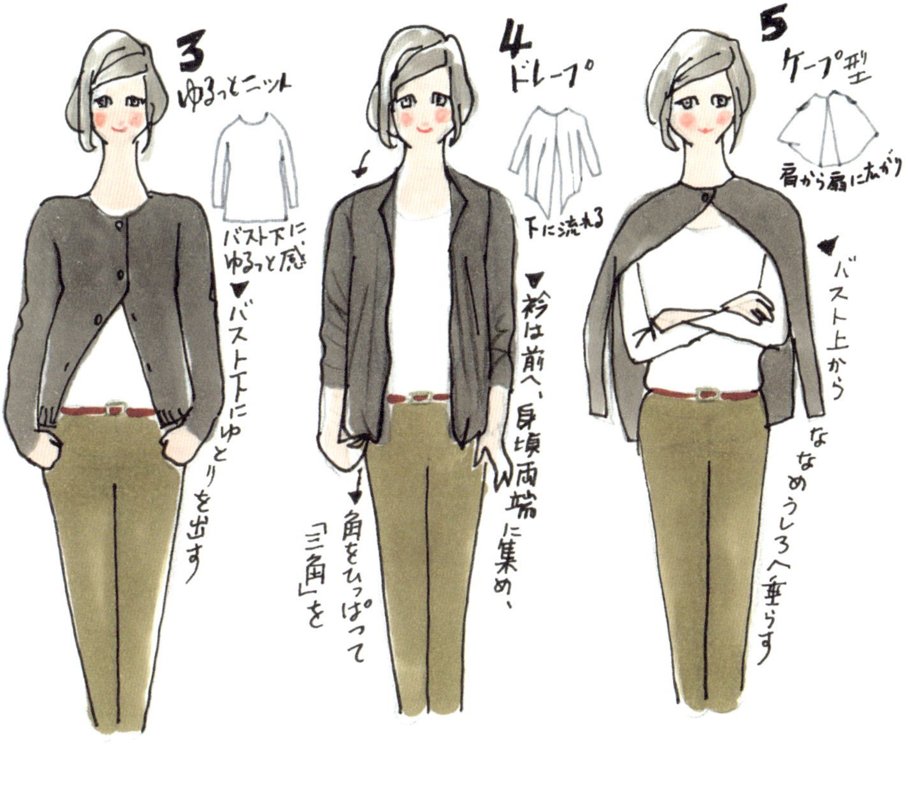
3
ゆるっとニット
バスト下に ゆるっと感
▼バスト下にゆとりを出す
4
ドレープ
下に流れる
▼衿は前へ、身頃両端に集め、
角をひっぱって「三角」を
5
ケープ型
肩から扇に広がり
▼バスト上からななめうしろへ垂らす

トレンド型に似せて、控え服が再レギュラーに

丸衿のクラシックな型のカーディガンは、永遠の必需品。クラシックなのに、パリジェンヌのカーディガンの着方には、新鮮さを覚えます。たとえば、バイカージャケットがはやれば、衿元をその形にアレンジして着ているのです。こんなおしゃれの楽しみ方もあるのだ、とつくづく感心します。

そのパリジェンヌの心意気はぜひとも取り入れたいところ。近ごろパリで人気のシルエットの型にアレンジすれば、古くさくも感じていた手持ちのカーデがトレンド型に早変わり!

一度買ったアイテムをうまく活かし続けるワザがあるのですね。

M 不良結び
M字が
パリ的、そのままだらりん、でも
スーッとタテ長スタイルUP
Y ちょっぴり不良結び
Y字が美バランス
X 良い子結び
でも
ちょっと違うの♡
大人の
胸元を
リボン小さめ、長くたらす。
段差をつけた先端↓がスマートに
子供タイ
大人タイ
ボトムスにかぶさるタイが美ポイント
すべてに共通
衿のVネックに沿って結ぶのが
大事なのね〜
腕まくりするなら、ボトムスとの境とラインを
そろえてきれい♥

ボウタイブラウスで
“ちょい悪レディ”風にも変身

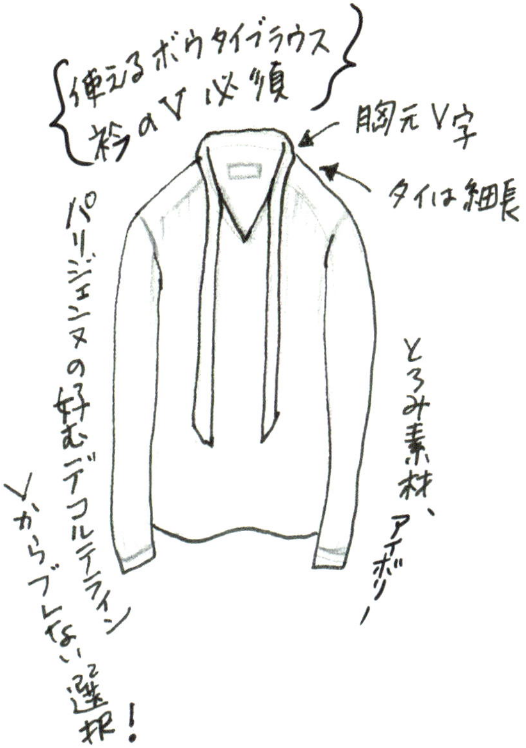

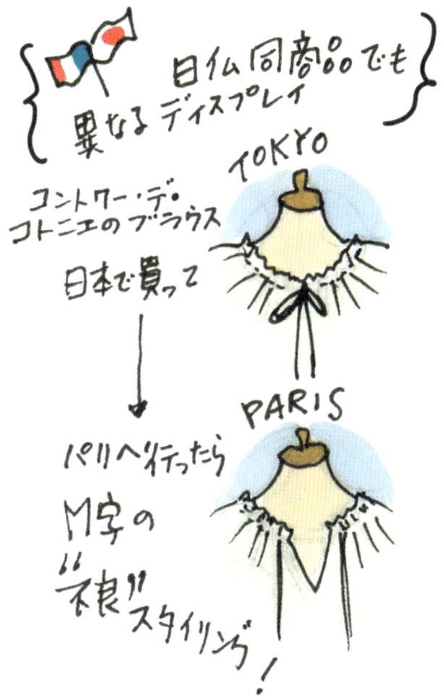

コンサバアイテムでも、違う自分を演出できる

ボウタイブラウスは、制服的なきちんと感があり、好印象アイテムのひとつで、仕事着の定番ですよね。パリジェンヌもしかり。最近ではちょっとした流行アイテムでもあり、各社ボウタイ商品を多く打ち出しています。
あいかわらずシンプル型、そしてスタイリングもパリ流。そう、タイをきちんと結ばない！　日本の目線で見れば、昔、制服の衿とタイをゆるめて着ていた「不良」のよう。でも、これこそが服の出番を増やす方法です。良い子から不良へ。1枚のボウタイブラウスがあれば、着方でイメチェンできるのですから。

ブルーな気分をとことん!?
長〜く愛せる普遍色♪
学校制服の紺セーター
ブルーなら
コやし服の再登場も♪
プラス
スタイリングで今風よ
すべてのブルーの色を統一しちゃうと そろえないのがコツ!
全身まっ青の人に!
Le Café Blue
ブルーソックス
&サンダル

手持ちのブルーアイテムで全身コーデ

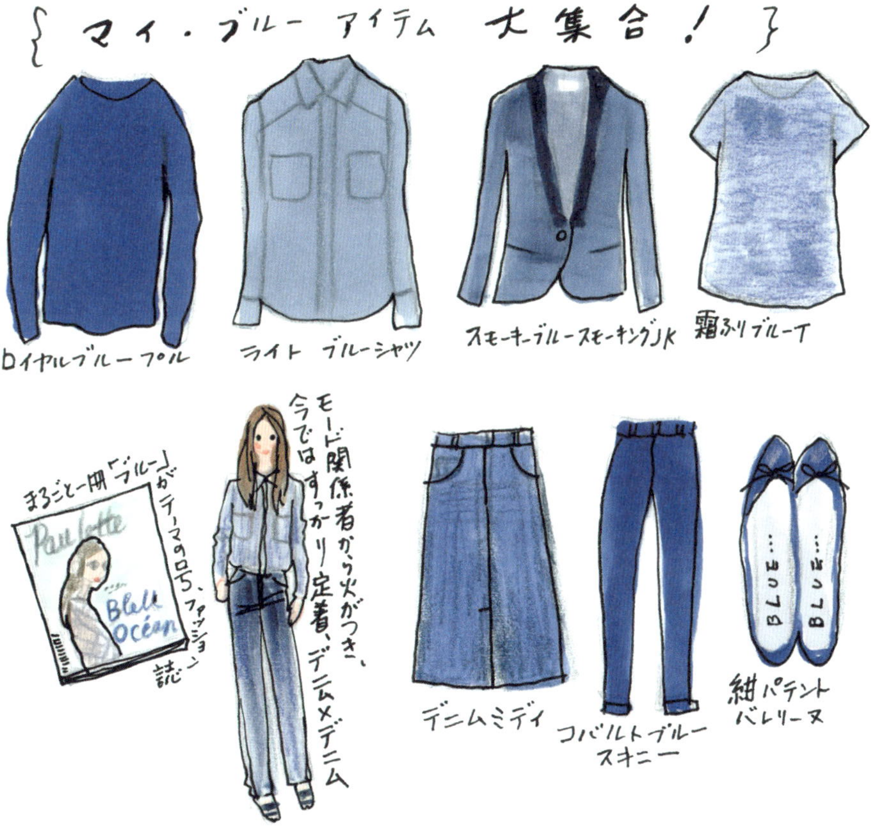

ブルーマニアがパリジェンヌの気分

パリジェンヌ=黒のイメージなのは自他ともに認めるところ。最近、黒に迫る勢いで席巻中なのが、ブルーです。流行色という理由があるにせよ、目の付けどころがさまざまで、彼女らのブルー追求にはぬかりがない模様。全身同じカラーというのは、短絡的で、おしゃれじゃない人がとる手段とも思われがちなところを、やってのけるのがパリジェンヌ!

彼女たちのコーデのポイントは、微妙に違う濃度、テクスチャーなどで「色幅」を見せてブルーの単調化を防ぐこと。すると、ブルーがたちまち「多彩」に映ってくるのです。これはハマると、夢中になりそうです。

all シンプルフォルム、すべてグレー。
ビミョーな違いで脱・単調＆"色気"をプラス
中間トーンはやさし気で万能♡
でも すすけたカンジはNG！
異素材を合わせてニュアンスUPを
ファスト・ファッションのアウターは霜ふりグレーをチョイス。
静電気でついちゃう毛やホコリも目立たない！
ネコと同居の人も！
パリの屋根のグレー
夏のグレーもクール
スエード

全身グレーで色っぽい装い

微妙な違いを重ねる、色気と上品のかけあわせ

モノトーンが主体のパリジェンヌの定番・グレー。濃い色淡い色、どれともなじむ仲介役を果たすのでお得ですよね。色彩理論的には、無彩色のグレーに「色」は存在しません。けれど、表面のテクスチャーに違いがあれば、各アイテムを隣り合わせたときに微妙な「色感」が出ます。ほんのり赤っぽく見えたり、青っぽくも見える。それが色の気配、「色気」です。

そんな色気で、彼女たちは着こなしをちょっと違うものにしています。まずはグレーの種類を知ること。黒×白の霜降りは目の錯覚でグレーの部類に。色味でも赤系のウォームグレー、青系のクールグレーが。質感でもマットとつやがありますね。それらを全身にまとえば灰のようにすすけた感じはゼロ。色っぽさがぎゅっと際立ちます。

Automne 秋
はきまくり★
トレンチの足もとが華やかに。はきなれてるから安心ネ
Été 夏
ヴァカンスだって♡
Printemps 春
気分は足もとから!
Hiver 冬
とにかくやってみて! 意外にも合う、重衣料の分、足もと軽く好バランスに
重
重

秋冬もサンダル履きでコーデをリニューアル

一年中 使えるサンダル
アンクル
ジッパー
スエード
寒がりさんは ソール厚めがオススメ
シルエットは
アンクルブーツ
だから冬スタイルにもマッチ
パリジェンヌのおしゃれアイコン
ケイト・モスも冬のサンダル
ヘアとネックレス、
サンダルがブロンド
他は黒
記事には"夏で終わらせず
ケイトのように 冬も楽しんで!"
とある
今思えば
超モード先取りセレクト・ショップ
HIVER
なじみのなかった
冬のサンダル
ディスプレイ
2004年
つま先寒そう…

重たいアウターと好バランス

寒さ厳しい真冬のパリを歩きながら、一軒のセレクトショップの前で思わず足が止まりました。サンダルのディスプレイに、「履く人はいるのだろうか?」と思ったから。それから約10年たった今、冬のサンダルはアリです!

パリのブティックでは、冬の新商品にも続々ラインナップ。外履き利用だけでなく、室内靴文化ならではのなじみ方にせよ、ファッション性や、使い回しの点でも注目が集まります。いつもの格好のアクセントともなるのだからお得感アリですよね。

モード業界も、ベーシックアイテムと合わせたサンダルルックで、ベーシックを今風で新鮮に見せています。

Jour ou Soir
ゆれる系に注目
大きさ
プチ
グラン
パリジェンヌの定番唐草もようの"アラベスク"
輝き
シブめ
キラキラ
小粒を集めた"パヴェ"タイプ、モノトーンの輝きも好み
ループ、チェーンも根強く人気
色
アースカラー
ネオンカラー
形
シンプル
デコラティブ

アクセサリーは昼・夜に仕分けて効率的に

時間に合う輝きでドレスコードもクリア

フランス人画家モネは、同じ風景を朝、昼、夜で描き分け、時間で見え方が異なる様子を作品に残しています。彼の没後約90年、24時間昼のように明るいなかで暮らせる現代ですが、パリの街はモネの絵のごとく、夜は暗い。そんな理由もあってか、いまだに昼の装い、夜の装いに分ける意識があります。厳密なドレスコードというよりも、日差し(光)に合わせるファッション方程式といえるかも。

朝から派手に輝くキラキラモノはトゥーマッチ。それは夜用にして、日中は控えめな輝きが日光と合う。私たちの肌も、時間や明かりで見え方が異なります。夜の電車の窓に映った肌は、なぜか不健康そう。誰もが不利になってしまう照明でも、輝くアクセサリーの「光」を借りて、つやつやお肌効果も期待しましょう。

また、改めて昼用・夜用に仕分けすると、個々の"役割分担"が整い、無駄がなくなって、「肥やしアクセサリー」の減少にも。たとえば結婚式用にわざわざ買わなくても、夜用をつければいいだけ。今一度、アクセサリーの点検を!

better
better
高級 or プチプラ、
借りモノ etc. なんでもOK!
ベスト・ポジションだけを
見つけてネ
腰の丸みと一体化
そのまま足先まで
スラリとつながる
ウエストポーチ位置でおさまり感
★バッグのポイントから
足先まで寸法延長、スラリと
★

ポシェットは「位置」がおしゃれの決め手

街行くパリジェンヌ あなどれないポシェット位置
ピンクポシェットをかなり上へ調節、下半身をスラリ
ここに小物類をまとめて成功
前開きのトレンチラインと、ポシェットタテ下ゲラインでタテにスラリ

その日の服装ごとのベストポジショニングを

手放せない定番、フランス語の「ポシェット」。パリ流では、ポシェットのデザインや色は何でもOK！　気にしてほしいのは、体のどの位置に「おさめるか」。つまり配置です。パリジェンヌを観察すると、高め、低め、いろんな位置に調節してあり、バランスへの気づかいがわかります。これが用途のすべてと言っていいくらいに、どんなポシェットでも美的な位置で決めています。

初めの一歩は、斜めがけか、縦がけかを決めます。そのあと、ポシェット本体が正面向き、斜め向き、側面向きの3通りも試します。おさまりがイマイチと感じたら、後ろにまわしてみましょう。ひととおり試して、その日の服と合う「好位置」を決めてみて。54ページのスケッチも参考にしてくださいね。

Sketch!

ポシェット1週間

お財布と携帯とリップが入るポシェットは、月曜日から日曜日まで毎日使う。
斜めにするか、正面向きか、クラッチ持ちか?
持ち方アレンジも楽しんじゃう。

column

長〜く愛して、よみがえらせて

敗者復活アイテム活躍

パリ流おしゃれアレンジ！で古服再生
長い眠りについていた
ポリエステルワイドパンツ
Zzz…
すそをアンクルに
雨の日に便利♡
着心地さすが♡
カシミアでありながらもポップ色と
丈短で敬遠していたニット
入れこみ
アーカイブ服て、過去も
ふり返ってみるもんね♥
パリに暮らす前に買って、肥やしとなったワンサイズ上のニット。
色が今年風なので復活！
à Paris
リペア屋さんも
長〜く営業
RÉPARATION
自分で選んだモノだから趣味、体型 変われど、
大きな違和感ナシ！
by yoko.

いつまでたっても恋人のようなご夫婦や、年月を感じさせる歴史ある建物。長く続くのは喜ばしいことだな、とパリを眺めて思います。

内装を終えたカフェでは、古い木の梁《はり》と、銅製の鈍く光るカウンターが以前のまま残されている。全面改装もできるけれど、長い年月をかけて得られた古さをあえて残し、目には新しく映るようによみがえらせるのだな、と知ります。息吹を与えているよう。

こういうこと、服にもいえますよね。モノにも歴史あり。流行遅れの服だって、そのときの自分が好きで選んだのだから、すぐに「嫌い」になんかなれません！　手に入れたらそれはそれで責任が生まれますよね。自分の持ち物ですから。

パリジェンヌに感化され帰国してすぐ、私のワードローブは、パリのジャストサイズ感覚で選んだフレンチブランドや、ファストファッションが幅を利かせるようになりました。
ファストファッションは、その名の通り商品展開のスピードが魅力なので、ほとんど消耗品に近い扱い。去年のモデルを処分して、今年の新モデルを購入できる気軽さが魅力です。
一方、4年以上前の古い型や体形変化でサイズが合わなくなってきたブランド品は、クローゼットの奥へ。そうです、処分できなかったのです。

ですが、これもパリの知恵を借りれば、充分「再生」できると知りました。サイズをうまく調整する「おしゃれアレンジ！」です。

たとえば、丈の短いニットなら、ハイウエストのスカートの中に入れれば良し！
ちょっとオーバーめのセーターは、シャツと重ね着して、腕をまくる。
そんな工夫をしてみたら、「肥やし」の数は減少。私はこれらを「敗者復活服」と呼んで、再び愛着を持っています。改めて、ワードローブの点検をすれば、家の中で「ファッションショー」が楽しめます。

それまで「何着」「何足」と、数ばかり気にしていた私。アイテム数をカウントするよりも、肝心なのは「着る機会の数」。そんな当たり前のことすら忘れていたと、パリの街から教わったのでした。

3ème Chapitre

3章

着方で
おしゃれ度3倍！
パリ・テクニック

スマートに見えない服、すなわち無駄な服！
S'il ne me rend pas smart,
le vêtement est inutile !

肉感＝丸みを出すところ
シャープ感＝直線的に出すところ
気をつけているところネ
首
骨感
二の腕やおなかはボリューミーでも気にしない！
バスト
アップ感も
背中
しゃきっと
ヒップ
ボリューム感
太もも
前に出る弓形
ひざ下
のび感
足首
スジ感
重い荷物も運べるたくましさが
の「都会暮らし」では必要☆
……を
強調できるアイテムで美BODYに見せる！

肉感とシャープ感のバランスで美BODYトリック

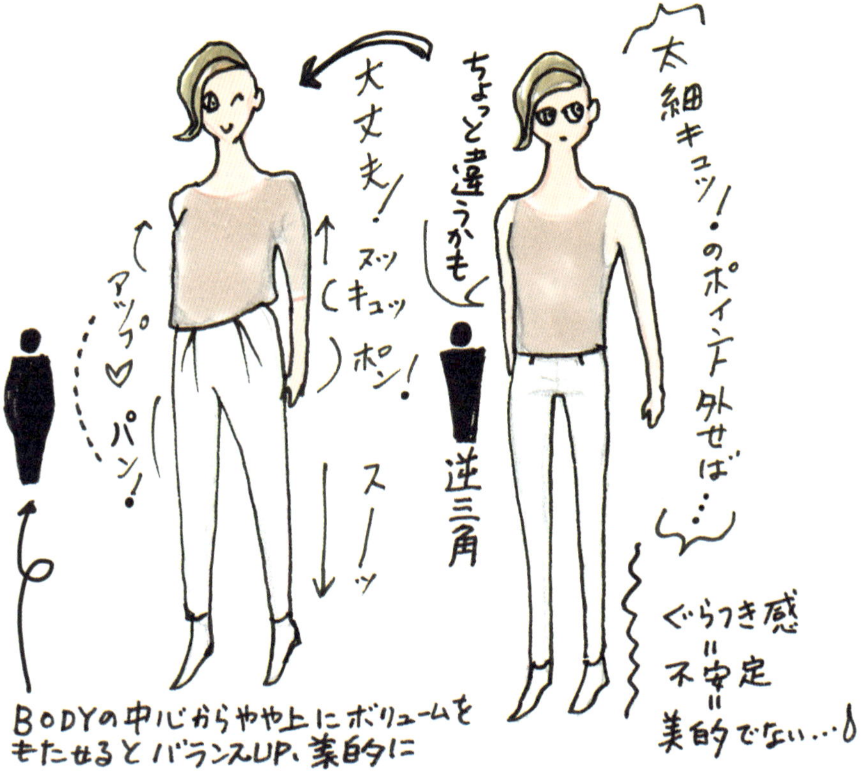

丸みと直線を意識

私がパリでつくづく感じたのは理想とする体形の違いです。文化からいえば、着物は直線の型から成り立ち、私たちは平面的で平坦な服にもなじみがあるせいか、細く平たい体形を目指して「減らす」方に熱心。一方、西洋では洋服の立体裁断から、奥行きある立体ボディがなにかとフィット。体形は「肉厚」なところを残すことに意識が向いている様子です。私たちも現代では洋服文化なのだから、ここはひとつ、彼女たちの理想のボディラインに従うと、よりカッコ良くできそうですよね？　気にするところはイラストで示したところ。こう描いてみるとパリジェンヌらしさが出るのです。もちろん体形は人それぞれであってしかるべきですが、ここではトリックの話。あくまでスタイリングやアレンジで、フォルムが「そう見えるように近づける」だけでOKなのです。

背中のみで変身！
ストレートなラインとヒップをかくす丈
とたんにパリジェンヌとなる！
思わず見とれちゃうような魅惑のうしろ姿なんちゃってネ♡
パリジェンヌの好きな背中あきを選べば、緊張感でクビレへ
ウエストがへ字のカットソーもヒップグラマーへ

背中のクビレとヒップのグラマーを意識

{スタイリングで クビレ&グラマー}
バストグラマー、ウエストクビレもあれば最高だけど
欲張ってもねぇ…♪
どっちにしても、背中をしゃん！としてみるべし＊
前は平らでも…
前面をウエストかぶせ
背中に凹凸！
うしろは入れて、クビレ&グラマーへトリック

後ろ姿の凹凸だけで3倍カッコ良い

私がパリジェンヌを描くにあたり、とくに意識するのが背中とヒップのラインです。ここに凹凸がないと、とたんにパリジェンヌではなくなってしまうのです。これを「背中のクビレ」と「ヒップのグラマー」と表しています。これが後ろ姿をぐっと魅力的に変えるラインです。「くたびれ感」をなくし、凛とした印象を与えてくれます。
どうしても前面に意識が向くのは当たり前。でも今一度バックスタイルを鏡で見てください。エクササイズで作らなくても大丈夫！　服で作る手があるのですから。3倍にもカッコ良くなることは、後ろ姿がフォトジェニックなパリジェンヌが証明していますよね。さらに、そのふたつの部分をいつも意識してさえいれば完ぺき。ちょっとお休みぎみだった筋肉がきゅっと目覚め、おのずと理想のラインに近づくはずです。

目分量でOK！
だいたい同じで厳密じゃないんだけどネ、コレがけっこう効くの！
ちょっとのコトだけど全身鏡で見ればすぐできちゃう！
スカートはウエストの上げ下げで丈を調整してね

首、手首、足首の肌の面積をそろえる

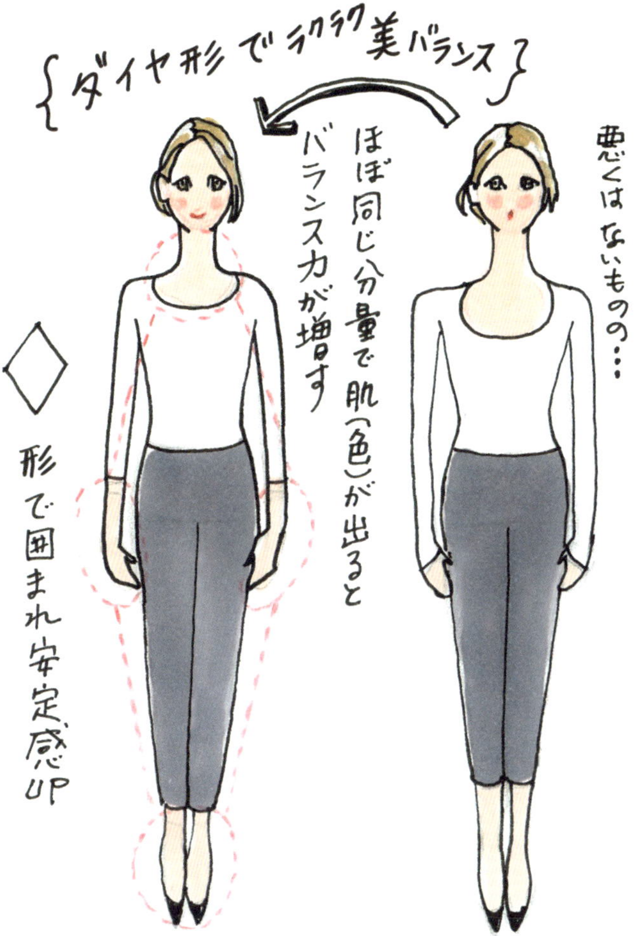
{ダイヤ形でラクラク美バランス}
ほぼ同じ分量で肌(色)が出ると
バランス力が増す
悪くはないものの…
形で囲まれ安定感UP

ダイヤ形で囲んで、全身の安定感を確保

ぽっちゃりさんもヤセさんも、中肉中背さんも、しっかり「骨っぽい」ところが3つの首。ここを出して、バストやヒップ、太ももなどの女性的な肉感との対比かつバランスを強調するのがパリジェンヌの妙!
その3首、それぞれ体の末端に近いところ。この部分の肌の露出面積をそろえると、ダイヤ形に肌色が配置されます。ダイヤ形は中心軸が感じられ、整いつつ安定して見えるのです。これは定番コーデで最も効き目アリ、の方法です。

今あるモノで
何とかしちゃう
Neck
衿立て、シャツ開き、タイたらし
の三層仕上げ
Wrist
三層"ミルフィーユ"見せ
ちょっと見せたりズラしたり
Ankle
ブーティからほんの少し
薄地ソックス

ネック、リスト、アンクルの"ミルフィーユ"見せ

特別なモノは足さない！着ているモノで粋な魅せ方
50代くらいのマダム、街角インタビュー
シャツ・ダウン・マフラー "三重奏"
60代で・TVニュースで映った国会議員席のマダム
裏地の水玉もよう見せ、プチ・ポップ
私たちも負けてはいない！
着るモノのみで重ねる粋
品数増やさずおしゃれな3首

アイテム足さずに服装の表情が3倍豊かに

「3首」は、パリの着こなしでは気をつけたいポイント。そこを見せるのが基本スタイルです。すると空きスペースができるものだから、ついアイテムを追加したくなるのが人の心理。でもここはひとつ、アイテム少数派を貫き、足さないで！

ではパリジェンヌが3首を「放置」しているかといえば、NONでした。「身につけているモノ（あるモノ）」のスタイリングで、3首を魅力的にする方法も、パリのマダムから見て取れます。裏地をちらりと見せたり、重ね着をずらして見せる「層仕立て」は、ミルフィーユのよう。着物の衿元や袖にもある、「なくてもいいけれど、あると粋」な装いとなります。

全身ブカブカ？
だるまさんシルエットは残念💧
“ゆるっと”は楽《く》チン、
でもスマートに！
二のウデをピタッとで実寸見せ…だけで違うでしょ？

ゆるっと服でも
ダボッとしないシルエット

体型に関係なく、自分寸法を出す！
ヒップをピタッとで実寸見せ
下着でヒップをふくらませる手段もアリ
バストをピタッとで実寸見せ
胸を張るだけでもできるかも!?

どこか1カ所の「ピタッと」が全身のスマート感に

パリジェンヌの王道シルエットは、きゅっとタイトで、体にはりつくような輪郭。着るアイテムも、きつめ。それが体の線を引き締め、細長い全身像を作る近道。
ただ、近年の「エフォートレス（肩の力の抜けた、気取らない）ファッション」傾向に従い、そのシルエットも徐々にゆるくなってきています。「ピタッと」も「ゆるっと」も好き。ただし、格好よくスマートにならなければお気に召さないのです。
全身オーバーめを研究すると、必ずその人の「実寸」が出る場所がいくつかあります。たとえば、バストトップ、二の腕、ウエスト、ヒップ。その線をしっかり出して見せると、服の中で体が泳ぐようなブカブカ感はなくなります。実寸出しは、服のサイズが体に合っている目印。「ゆるっと」でも美しく見えるのです。

着くずして、
ギザギザ増えちゃった?
このポイントも不要となり、アイテム減も叶う
フツーに着て、
美しいシルエットになると、気持ちの良いものね…♡
ex. サイズがジャストな衿、そで丈だったら、そのままで
充分美しい

どこまでOK? 着くずしコード

ほどほどの着くずし
確かにパリ流、しかし…
シャツ出し♥
この位でいる方がキレイ度はUP
とくに日本女性は
胸ポケットも「正位置」で美しい
危なかった帰国直後
この方は…
日本人の"ウリ"清潔感ゼロのY子
困る店員さん
無造作ヘア
着くずししまくり
お手入れサボり、はきつぶし直前、こなれたつもりの変形ブーツ

サイズが合うところは着くずさない

繰り返しますが超ジャストサイズがパリ流の掟。服と体の多少の誤差は、まくったりたくし上げたりしてジャストサイズに調整します。そんな「着くずし」は「こなれ感」につながりおしゃれ度がUPするので、実践する方も多いはず。

でもちょっと待って、そこに落とし穴が！

いつのまにか越えてはならない境界線を越え、だらしないと誤解されることも。

これは私がパリから帰国して感じたことです。かの街で「カッコイイ」の部類が、日本では「ちょっと汚い?」の認識に変わる……。

その私が体験した「危険区域」境界線はどこかというと、パリ流の基本であるシルエットのギザギザ感です。それが多ければ危険！　ギザギザ、すなわち雑に見えるぐちゃぐちゃ感はスマートさの妨げになります。サイズがぴったり合う場所は着くずさないのも心得なくては！

ハリパンツ
ピシッ
スラックスはセンタープレスをピシッとネ
ハリワンピース
ピタッ
ワンピも肌ピタサイズをピタッとネ
ハリシャツ
ハリッ
シャツのハリ感大切よ♥
お肌のハリ100%
← 別次元の美 →
パリで
ハリに表われる
服へのメンテ力
…
長く大切に着るべし

ハリ感は肌でなく、服で出す

服のハリ感はマダム期こそ!
親子でHurry-up★
娘の先行くママン
Bagのハリ感!?
▶平たいマドモアゼル期
服に「おさまる」体のフォルム
▶ふくよかで立体的なマダム期
このフォルムが服にハリ感もたらす

服のメンテナンス力で差がつく大人っぽい装い

私たちは「ハリ」といえば肌を気にしますが、パリではそこは神経質ではなさそう。その代わり、マダムの服のハリ感はマドモアゼルより数段上！　クリーニングしたてのシャツをぴたっと着て、ボディにもハリを持たせています。

クリーニング頻度は日本より高い印象です。パリではクリーニングにも「クラス」があり、私が愛用していたのは「安い速い(翌日仕上げ)」のファストファッションならぬ「ファストクリーニング」的な店。高級(仕上げ)クリーニング店には、上質そうなアイテムが管理保管されていて、憧れ目線で眺めたものです。

また、私が滞在していた家具付きアパルトマン数軒はアイロン完備で、服のメンテナンス意識の高さがうかがえました。

ただ服をきれいにたたんでしまうだけでも、ハリ感キープに。これも大人の身だしなみなのですね。

美の基準①
“平行線”と“合わせ”
イチバン見られるのが衿元ネ
色バリエでは、生地に染み入るようなコクある色
衿のフチと平行に走るステッチ
柄モノの場合縫い合わせが柄と合っているのがGOOD！
②“同化”と“なじみ”
ナイロンでも的で、
テカッた繊維はパス
ちょっとプラスティック的な
ニットもネックがネックにならぬよう!?
ねじれ、よじれのない衿
同じリズムで垂直なあみ目
見て、さわって「異質感」のないものを！
何を着ても良いのよ。ただ自分が安っぽく見えたらもったいないと思うのネ
アクセサリーは重量で判定
ピアスは重すぎ×
耳変形！
パールは本物と同じ重さなら、ゆれ感が上質
カシミアタッチ毛玉OK。（カシミアでも毛玉になるし！）
シルク風シフォン
必ず触って！
◎さらさら
×ザラザラ
タイツのシースルー感命☆
ムラ&毛玉の目立ため新品風を
金具のテカリはNON！

質感重視で安くても安く見えない品定め

見るのはプライスより質感！大人能力発揮
「上質見せ」にせずにOK世代
まだ成長中だし、今限定モノだから気にしない
ファスト・ファッションでは、同モデルのなかで美品をチョイス！
コレだワ
コレかしら
新鮮な食材をひとつ選ぶときとほとんど同じ買い方
実物を肉眼で！
最後は"自分の目"を信じるのよ〜
多少の粗さは気にならない。けど生地薄すぎかな〜

「お値段以上」をショップへ行って見極める

パリジェンヌは「お値段以上」のコスパのよい品を見つけるのが得意。それをほめられると最上の喜びが！　そんな彼女らの買い方を見てみると、即座にレジへ……ではなく、商品の質感まで確かめていたのでした。質感というと難しそうですが、美の基準をもとにすれば意外と単純。左ページの1、2がポイントです。極力正確な縫製と、ゆがみのないフォルム。「極力」が大事です。安い分、本物の上質ではありえないのを彼女たちはわかっていて、そこに文句はないのです。

難しいのは生地かもしれません。それこそ見てさわらないと判別できぬもの。彼女たちがマメにショップに通い、「物色」する意味がわかります。

また、高級ブティックも積極的に見て最上質を知れば、それに近い品を判別できるように。そうやって感覚を磨くと「お値段以上」に出会えそうでわくわくしますね！

こめかみ固定で美ナチュラル
手ぐし仕上げの
超自然スタイルかと思いきや
耳にかけて
こめかみ部固定、上からかぶせる技
カチューシャ的な自髪固定
編み目のように交互にし、耳うしろに隠しピンの技
分け目
ギザギザも
きっちりがお嫌いで・と思いきや
こめかみかり後頭部の上向きラインを
ピシッと残す技
ふんわりまとめ髪
ささっとたたんで
巻き、ゆるめただけと思いきや
いつでもヘアゴム

無造作なのにスタイリッシュなヘア・アレンジ

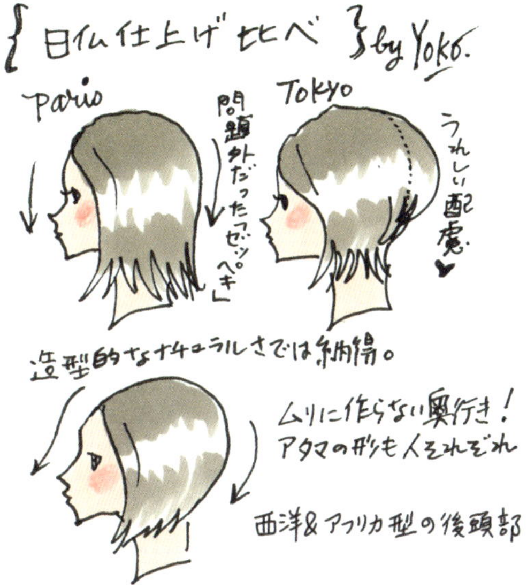

自然風徹底のなか、きゅっと引き締めポイントアリ

パリジェンヌの十八番《おはこ》、無造作にまとめたヘア。雑誌のヘア・アレンジスナップの常連ですよね。また、定番のロングヘアも無造作感がこだわりどころ。わざとぐしゃぐしゃにしてちょうどよいくらい。

そんな、ともすればボサボサ一歩手前のワイルドヘアが、なぜかスタイリッシュに映ります。パリジェンヌの髪質が特別だからとは言い切れません。秘密は「固定」です。隠しピン使いなどで、頭にピタッとしたタイトな場所を作ること。ヘアスタイルでもゆるっとしたなか「実寸」を感じられる場所を作っています。

ヘアゴムをひとつ手首につけ、外出先でさっとまとめるのもよくあるシーン。このときもはじめにきつく結び、耳上から後頭部はきつめのまま固定、頭の上部はつまんでゆるめれば、パリジェンヌ流まとめ髪の出来上がり！　頭の形をきれいに見せるには、頭にピタッと沿うところも残す必要があるのですね。

カタチ、素材が、それぞれの年齢にマッチすればより美しい！　10代の元気な姿から、シニアの

エレガントなたたずまいまで。

Sketch!

年代別スマート・シルエット

column

カラダの線くっきりルックの事情

自慢のボディを露出？

パリに暮らせば1年通してあらゆる格好の人を目にし、憧れ像とは違う側面を見ました。とくに夏場の裸一歩手前の薄着女性には目を見開いたものです。かくいう私も、寒が残る春に薄い服で出かけ、階下のマダムに「風邪ひいちゃう！」と心配されたりしました。

そう、服装の基盤は「健康」。そこをないがしろにしてまでファッショナブルにするなんてありえない！　身だしなみ以前に、自分の「身を守る」のが服。そんな当然の事に気づかされました。

すると、パリジェンヌの夏の露出も納得。暑いから覆う部分を少なくしているだけ。避暑のためのキャミ1枚ルックなのです。ボディに自信満々なわけでもなく！

また、なんであんなにピチピチで体の線が出るような服ばかり着ているのか？との疑問も解決。体に密着した服は保温性が高いですよね？　1年のほとんどが「寒い」と感じるパリで、体に寒気を通さずブロックするピチピチ服は基本中の基本となって当然。そんなわけで、彼女たちの体くっきりシルエットの理由もひとつ理解した私。

健康を害さないのが大前提でありながら、冬の夜のカフェではタンクトップの人が！　これも、強力なストーブがたかれ、汗をかくほど暖かいのを確認して大きくうなずきました。

つくづく思ったのは、その場に行って自分の肌で体感すれば、彼女たちのおしゃれ観が手に取るようにわかるという事。お天気や気温や場所で、自分仕様の快適ルックが決まるのですね。

今では酷暑の東京で、キャミ1枚で観光するフランス人を目にしても違和感ナシ。少しうらやましくも思う私。そのくらいがちょうど良い服装なのは百も承知！しかしながら自分がするには抵抗がある人は私だけではないはず。でももしパリに行ったら、トライしてみたいものですよね。お肌とボディの"開放感"もパリの名物なのだから！

ここまで露出しているのは…
暑いから！
暑いのにカラダが慣れてないから、このくらいじゃないと
夏のセーヌ河岸
寒がりさん
夜の
冬のカフェテラス
上着をアレンジして肩出し
強力ストーブ
同じくらい暑かったりする
観点がちがう
公共の場で出しすぎでは…？
まーまー、暑いんだから
yoko.

4ème chapitre

4章

大人の
華やかスタイリング

歳とともに彩り豊かになる、服も人生も！
La mode et la vie deviennent éclatantes avec l'âge !

FILE
オリーブ&ターコイズ
暗い室内作業も明るくね✱
(色くらいは…)
窓のない無機的スペース会議室には有機カラーで入室!
ピンクグレープフルーツ&テラコッタ
ハッと目の覚めるような色も必要
ラベンダー&アッシュローズ
眠気防止!?
レモンライム&黄土色
ビタミンカラーで仕事にバイタリティーをネ♥

元気になれる
「きれい色＋にごり色」コンビ

難しく考えると
わかんなくなっちゃう><
「系統」でネ
アップルレッド&スモーキーピンク
ヴィヴィッドなビタミンカラー注入、
活力UP!
VIVID
+
VITAMIN
=
VITALITY

ビタミンカラーをシックにまとめて仕事仕様に

ベーシックな淡い色は安心だけれど、ときにはきれい色を身につけて、仕事にもバイタリティーをチャージしたい！　日仏問わず、女性にとってカラーがもたらすマジックは信じられるもの。パリジェンヌのカラーリングを観察すれば、組み合わせにも無理がないのがわかりました。

きれい色に合わせるのは、同じ色味でありながら、にごった色。もとの色の源が同じだから、相性が悪いはずもなく、すんなり調和します。今ある渋い色からにごり色を選出、即、コンビを結成！　それを「定番」にすれば、ビタミンカラーも無理なく導入できます。心まで栄養をチャージして、仕事シーンを元気にしたいですね。

炎のような
オレンジ
＋
舞台照明風
バイオレット
ふだん目にする
夕景でなじみある
色合い♥
ナイト
ブルー
＋
スポット
ライト風
イエロー
夜のライトアップ色、
目にやきついて
いる２色♥
違和感ゼロ、自然な色合わせ
オレンジ
＋
ワインレッド
文化習慣で
慣れている色同士
ワイン色はとくにく
わしい
の♪
毎日愛飲♥
朝
昼晩
若い
ビミョーな色ちがい
年代モノ

パリの街並みみたいな
意外な色の組み合わせが粋

{見慣れている光景の色合わせが色彩感覚に！}

パリジェンヌの色彩感覚で新鮮な上下服のカラーリング

色彩感覚は日常風景から養われるのを前提とすれば、装う色にそれぞれの「カラー」が出ます。ふだん見慣れている景色を色に変換すると、パリはモノトーンで、日本はカラフル。パリジェンヌが選ぶ色味はモノトーンで抑えめなものが中心です。でも、私たちが選びそうにないクリアな色の組み合わせでハッとさせられることも多いのです。

パリに暮らすうちに、そのカップリングが日常風景にあるのがわかりました。毎日何気なく目にしている色合わせだから、すんなり服にも取り入れられるのですね。

頭で考えるとケンカしそうな色同士でも、実際合わせると調和が見え、新鮮な感じを覚えます。この色合わせなら、手持ちのカラー服の新鮮さを増しそうですよね。

花柄比べ
都会の洗練柄
ちょっとユーウツな都会の喧騒。
"花柄由来"と知るといやされる♡
à la ville
カントリーの写実柄
いなか暮らしはパリジェンヌの憧れ♥
週末別荘は夢★
いつかパリを離れるときを想像して着てみたり♫
Sketch
à la Campagne

花柄は「洗練柄」で アーバン・シックに

写実的なカントリー調との違いも楽しめる

自然がモチーフとなった花柄は、ナチュラルな印象を与え、パリジェンヌもよく着ています。彼女らが好んで選ぶのは、「花を想起する柄」。写実的な柄ではなく、単純化し、無駄をそぎ落とした「洗練柄」です。整備されたパリの街並みとつりあいます。
一方、花の写実画のようなクラシックな柄は、カントリーな趣きがあります。たとえばインテリアのファブリックにその花柄を選ぶと、フレンチカントリー調になるように。パリジェンヌのカントリーへの憧れは強く、田舎へ旅すれば思い切り現地になじむカントリースタイルに変身！　パリのようにあわただしく過ごさず、田舎のゆっくりした時間を楽しむための、とっておきスタイルです。

à TOKYO
au musée
東京の美術館にて
フランス・マダム
ヘッドバンド、花が
ペタンコ、平面なのが
大人っぽく成功！
ちょっとにごった
モーヴ色地小花柄
“花系”と相性goodのグリーン
一緒にいた子供は元気ボーイッシュ
à PARIS
à la
boutique
パリの
ショップ・スタッフさん
小花オブジェのみに
キャンディーカラー、ベルト
チュールスカートは
クール色
バックスキンで
しっとり質感

パリ・ガーリーはフェアリー調

妖精の雰囲気で、「カワイイ」を継続

今や「カワイイ」は、日仏共通語。フランス語で、ズバリ当てはまる単語がないのも理由のひとつ。辞書に載る「カワイイ」に該当する仏単語は、語感では幼児性をともないます。日本独特の大人も子供も区別しない、カワイイと感じる心はとても興味を持たれ、また評価されています。

ガーリーは日本の「特許」と思いきや、フランス人も取り入れています。その印象は「妖精」。どこかはかなげで、風とも同化しそう。バレエの衣装にも通じます。

「大人になったからといって、シックにおさまりすぎてもつまらない！」そんな心意気も教えてくれているかのようです。

アラ、"イタイ"だなんて言う人がいるの？
きっかり見分けて"イタくない"フリフリ
fille 少女的
femme 女性的
半そで
チューリップ型
カラー型
フレンチスリーブ
上向き
下向き
長そで
肩と手首の凹凸
一本のカーブ
レイヤー
ギザギザ
ほぼ段差なくスラリ
そーゆー見方、面白いわねぇ。とにかく楽しみましょ♡

可憐にカッコ良いフリルは"カラー型"

{長〜く愛するフリフリ・ルック}
60 ans〜
一生現役女性だもの
50 ans
フリフリトップスを試着。常に目を向けるフリル・アイテム
40 ans
“女性着”としてマスト！
少女期は短い…。長〜い大人時期に楽しみたいじゃない？

「少女／女性」を分類、「イタさ」ナシ！

誕生したときの「おくるみ」から慣れ親しんでいる、フリルアイテム。女性らしさの極みで、華やかな気持ちにさせてくれますよね。しかし大人になると、いつまでも少女時代にしがみついているようで、卒業を迫られるアイテムかも。

ところがパリのマダムをチェックすると、いますいます、現役でフリフリを着こなしている人々が！

難しいのはトップス。顔やヘアに近いため、少女すぎるフリルだとつりあいがとれなくなり、「無理っぽい」ファッションとなってしまいます。でも大丈夫！　イラストで示したような、少女的なものを避ければいいだけ。大人のフリフリを身につけて、生涯女性を楽しむフランスマダムの域にまでおしゃれを極めたいですね。

Step 1 遠目でCHECK!
遠目で大きな模様は避けて安心
ストライプ風
ドット風
チェック風
シンプル模様に見えるのがベター
迷彩風
一部使いでもキビシクチェック!

レースはシンプル模様を選んでリュクス感UP

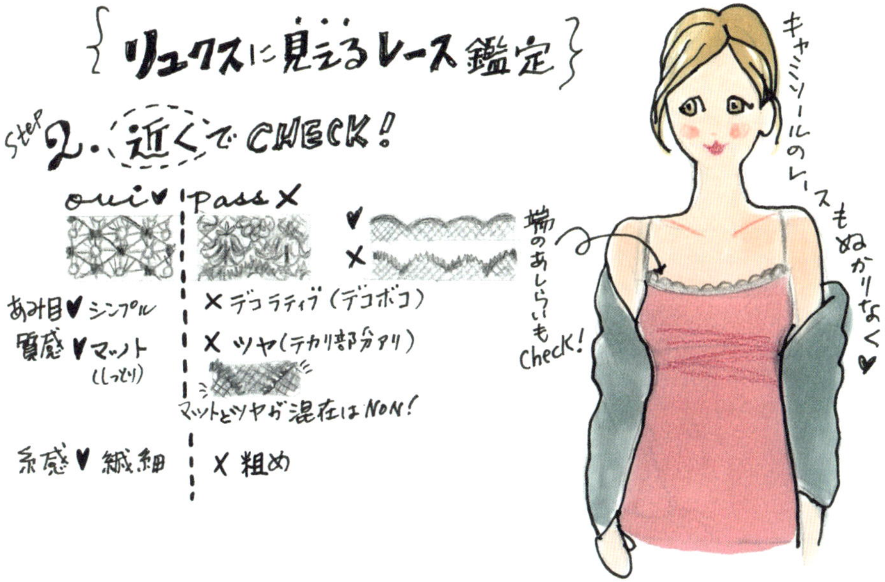

遠目と至近距離で質感をダブルチェック

レースは女性の心をつかむもの。レースアイテムを目にすればどうしても熱が上がりますよね。ところが帰宅して冷静に見ると、なんだかチープかも？　というオチ……。そんな残念なレース選びは今すぐ卒業できます！
フランス製リバレースは、国の自慢の極上レース。そんな誇りもあいまって、パリジェンヌのレースへの思い入れは私たち以上です。パリシックなレースを見分けるコツのひとつめは、遠目で見て模様をチェックすること。大きい模様は目立ち過ぎて難易度が高いため、イラストのようなシンプル模様がベターです。
ふたつめは、レースを至近距離でズームアップし、質感を確かめること。マットで均一感のあるものがベストです。その逆で、パッチワークのような「つぎはぎ感」があるなら避けて安心です。

女性的なのは大好き!
でもアピールしすぎもなんだかね…
ちょっとセクシーなシースルーレースに、レザーJKをon、色っぽ過ぎを緩和
甘さ20%控えめってところ?
ふんわりカワイイフォルムのアイテムには、フリンジBagで
シャープさプラス

辛口アイテムプラスで
甘さとセクシー過剰防止

女性度オーバーのブレーキ係

可憐なかわいらしさは、世界を見ても日本人がリード。転じて欧米で（とくに男性から）好まれる成人女性のスタイルは、ちょっとセクシー過ぎる路線。パリではかわいいアイテム、セクシーアイテム双方を好みつつ、女性的になり過ぎないスタイル。これは使えそうですよね。その特徴は女性的な服に合わせる服や小物を、ちょっとパンチの効いた「辛口」なものにしていること。お料理でいえば、甘過ぎた味に、コショウを振りかけてピリッと引き締めるようなものでしょうか。イラストの4つの要素が定番。パリではコートから靴まで、あらゆるアイテムに辛口が見え隠れし、女性度オーバーに歯止めを利かせています。

ウソっぽくはないはず。自分のポリシーにウソついてないから★
革の光沢でなに気に着やせアイテム
ジュエリーはホンモノ、でもパンツはフェイクよ
ちなみに一年中はく
今、自分で買えるのはフェイク。フェイクだと色を思い切れるから好き♡

フェイクレザーで "哲学"モード

"格差"のないレザー選び

30歳を超えると、それなりに風格が出て、「本物」が似合うようになりますよね。私もそんな風にリアルレザー派になりました。ところが40過ぎて過ごしたパリで、「リアル=大人」という図式がくつがえされて脱リアル派となり、さっそくフェイクのブルゾンを買いました。

理由は第一に気候の問題。さっきまでの晴天はどこへやら！　急な豪雨が多く、リアルだとダメージの心配がつきまとうので、フェイクの方が安心です。第二に個々の価値観。たとえば動物愛護やエコ的考えでアニマルレザーに抵抗のある人もいますよね。リアルの美しさを支持する人も根強くいます。人それぞれでありながら、本物が良いとは限らない時代になりました。フェイクレザーがより豊富になって、年代問わず人気素材になったのもうなずけます。

ラブリーじゃない、大人のピンク&赤をネ
とろっ（とろみ）
ふわっ（モヘアニット）
ピタッ（スキニー）
いろいろあるけど まー…今日のところは ポジティブに
ぱりっ（レザー）
しなっ（ジャージ）
しゃりっ（ナイロン）

ピンク&赤でファッションを陽気に魅せる

異なる生地で、服にシックな揺れ感を

女性の象徴色としての地位を占めるピンクと赤。このふたつを上下に組み合わせるのはあまりしませんよね？　イメージを思い浮かべると、ラブリーなおしゃれに凝った小学生時代の格好が蘇り、大人とはかけ離れるようで敬遠してしまいがち。

パリに住んでみて、その色の組み合わせがわりとポピュラーだと覚えました。それはラブリーではなく、陽気な印象で、見ているこちらもポジティブになります。

法則は単純。互いの生地の素材を別にすること、これだけです。街を歩いたときの生地の「揺れ方」が違うのです。カラーがラブリーでも、はじけ過ぎない落ち着きで服同士がまとまります。

結婚パーティ
トゥ付のレーシーでドレスコードOK♡
小さな所だけど、そこに「華」なの!
レセプション
ハイヒールで甲見せレーシー
なるべく長く
ホテルのカーペットの上を、しゃなりしゃなりと女優のように歩けばエレガントよ〜
子どものセレモニー
ダブル・ストラップをレーシーに見立てて
コンサバキープ
母らしく&華やかに

レーシーシューズで 新規ドレス・アップスタイル

ふだん合わせるメンズタイプ靴とはちがう雰囲気でしょ？
女子会
ガウチョにレーシーで
祝賀会
特別なモノはなくても、足もとでネ
リトルブラック・ドレス、ノーアクセサリ〜
パーティシーズン新年&ノエル向けに各社続々入荷！
スエード

足を「レース」でくるんでドレッシーへ導く

遠くから見ると、足をレースでくるんでいるような、レーシーシューズ。ただ、デコボコ道を急ぐパリの事情も影響して、出番はイベントに集中します。商品ラインナップで最も力が入るのが、パーティ回数が増える冬。たとえいつもと同じ服だとしても、レーシーシューズを仕上げに使えば、イベント向けに早変わり。招待状が届きドレスを新調するのも楽しいですが、今ある服で、足もとをレーシースタイルにしてみるのも賢い選択かもしれませんね！

Sketch!

カラフル・カップル

十人十色、カップルだったらその倍！　装いも彩り豊かにしてフレッシュカラーのときめきを。今、目の前にいる愛しい人との時間を大切に。

column

エイジングカラーで、華麗に加齢

歳を重ねて派手になる色使い

パリマダムは地方のマダムに比べてシック。夏の南仏旅からパリへ戻ると、その差は歴然でした。それでも、フランスのマダム世代は概して派手！　とくに60代からの派手色着用率は高いです。
これ、日本では逆ですよね？　加齢とともにどんどん暗く地味な色へおさまっていく感じ。もちろんシックを楽しむおしゃれは大人の定番です。でも「年甲斐もなく」「恥ずかしいから」、といった理由であれば、ぜひ派手にも挑戦すべきだと思うのです。

いくつになっても「挑戦」は、人を意欲的にイキイキとさせるもの。まずはメイクで始めるのも手です。パリジェンヌは40代くらいまで、ほとんどスッピンにしか見えない色味のメイクですが、おばあちゃま世代になると、真っ赤なルージュやピンクのチークで彩ります。
次にアクセサリー。これもまばゆいほどに飾りつけます。金か銀か？　どちらも一緒に身につけてOKなのです。
そして仕上げは服の色。原色満載、「なんて派手！」という出で立ちも、マダム世代なら「元気な証拠」。人々からはほほえましい視線がおくられます。

派手なメイクや服装は、自己主張が強く見られがちで、若い世代には不利に働くことも。でも、将来思い切り派手にできるのであれば、何も急ぐことはない！
何かと限界を感じる40代くらいからスタートしてみましょう。シック一辺倒を卒業、派手色投入で色の「退屈」もクリア！

若い世代にはまだまだ遠い話かもしれないけれど、まるで彩りの先頭を歩くように派手なマダムを見ると、自分の将来までもが明るく見えてくるはずです。
自分だけでなく、社会へ活力を与えるためにも、派手へと変わる！
18世紀までさかのぼれば、シックな色は庶民が身につけていた色。鮮やかな色は、限られた人しか身につけられなかったのですよね。「とっておき」感のある豪華な色、年輩者こそ誇らしげに身につけたいものです。

{メイク、濃くキメ☆}
TVインタビューに答える派手ブルーボーダーマダム
シミシワが定着したら
派手メイクへGo!

{わが道、わがカラー}
好きな色を着る!
人生いろいろ、カラーもいろいろ
派手色レモネード

{パリの派手}
輝きも色もない人生なんて暗いじゃない?
今日はちょっと地味だったかしら?

今でも忘れられない!
{南仏おばあちゃま3人衆}
柄派手ワンピがチャーミング
すてきな老後♫
サンダルがカワイイ

Oh ! Elle est jolie ! comme un « SAKURA »
Elle aime « Kawaii » ?
Ses gants sont uniques !
Les Parisiennes aussi aiment « le Kawaii » ♡
Son style, gorgeous et élégante !
La mode libre, ça c'est le style « Japonaise » !

パリ経由ジャパニーズ・ビューティ

日本人としての誇りをおしゃれに込めて

パリジェンヌから教わったのは、「アイデンティティ」を誇ること。パリへ行ったのに、戻って見つけたのは「東洋の美」。パリジェンヌたちが憧れ目線を送る、彼女たちがやりたくてもできない（あるいは似合わない）ポップでキュートなおしゃれをするのも私たちのミッションです。

日照時間に恵まれ、太陽の光を多く受けている日本。フラットでやわらかく、まるでヴェールのごとく、みんなをふんわり包む光の質は、パリでは得られなかったもの。やさしい光のパワーを味方にし、東洋ならではの「明るさ」をおしゃれに込めましょう！

服との関係が変わる、パリのおしゃれ

私がパリジェンヌから学んだ、おしゃれの「単純化」は、伝わりましたでしょうか？

皆さまそれぞれが自由に、大小さまざまなおしゃれの変化を感じていただければ幸いです。そんななかで実践された方、皆に共通するのは「モノを見る目が養われる事」だと私は考えています。

モノの見方（見る順番）をパリ流にすれば、自分に最適な品を見出だす力もついてきます。手に入れたモノには愛着を抱き、大事にするようになります。モノとも「親密」な間柄になるのです。

それはパリのコミュニケーションとも通じます。

1度目、2度目、会う回数を増すごとに、お互いの深みを知り、絆となります。ちょっとやそっとじゃ壊れません。

1度だけ着る服もあれば、何度も繰り返し着る服もあります。これからはできるだけ後者を持ちたいですよね。

同じ服を繰り返し着ていながら、退屈なく過ごせる毎日となるのですから。私たちは服を持たずして生きてはいけませんが、究極には

最後に残るのは「人」。そこさえしっかりわかっていれば、あとは何を着ようとノープロブレムなのです。

そんな大きなスケールでの考え方も、パリの社会から学んだ私です。本書の出版というゴールまで導いてくださった、幻冬舎の前田香織さんに深く感謝いたします。

ここまで読み進めていただいた読者の皆さま、ありがとうございました。一緒にパリのおしゃれを心から楽しみましょう！

米澤よう子

Yoko. yonezawa

米澤よう子 Yoko Yonezawa
東京都生まれ。女子美術短期大学造形科卒業。グラフィックデザイナーとして広告制作会社に勤務した後、1993 年にイラストレーターとして独立。大手企業の商品パッケージや広告ビジュアル、女性誌や書籍、WEB のイラストなど多媒体で活躍。2004 年から 2008 年の間、拠点をパリに移して日仏で作品を発表。特にパリの高級百貨店、ボン・マルシェでの個展は高い評価を得た。帰国後、独自の目線で「パリジェンヌのおしゃれ術」を解説したイラストエッセイを多数刊行し、幅広い層から支持を集める。『パリジェンヌ流 着やせスタイリング』『パリ流おしゃれアレンジ！ 1～3』『パリジェンヌ流おしゃれライフ』『パリジェンヌ流シンプル食ライフ』など著書多数。
HP www.paniette.com

$\frac{1}{3}$の服で3倍着回す パリのおしゃれ術

2016 年 3 月 15 日 第1刷発行

著 者 米澤よう子
発行者 見城徹
発行所 株式会社 幻冬舎
〒151-0051 東京都渋谷区千駄ヶ谷4-9-7
電話 03(5411)6211(編集) 03(5411)6222(営業)
振替 00120-8-767643

ブックデザイン セキネシンイチ制作室
フランス語監修 クラス・ド・フランセ
印刷・製本所 株式会社 光邦

検印廃止

万一、落丁乱丁のある場合は送料小社負担でお取替致します。小社宛にお送り下さい。本書の一部あるいは全部を無断で複写複製することは、法律で認められた場合を除き、著作権の侵害となります。
定価はカバーに表示してあります。

ISBN978-4-344-02915-6 C0095

幻冬舎ホームページアドレス http://www.gentosha.co.jp/
この本に関するご意見・ご感想をメールでお寄せいただく場合は、
comment@gentosha.co.jpまで。